JN436567

문학사랑 시인선
63

보이지 않는 그리움

이진학 시집

오늘의
문학사

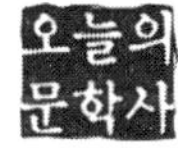

국립중앙도서관 출판예정도서목록(CIP)

보이지 않는 그리움 : 이진학 시집 / 지은이: 이진학. -- 대전 : 오늘의문학사, 2018
p. ; cm. -- (문학사랑 시인선 ; 63)

ISBN 978-89-5669-935-6 03810 : ₩15000

한국 현대시[韓國現代詩]

811.7-KDC6
895.715-DDC23 CIP2018024314

보이지 않는 그리움

■ 서문

보이지 않는 그리움

인생은 세월과 같은가 봅니다. 세월과 함께 보이지 않는 그리움도 흘러갑니다.

하룻밤 자고 난 것 같은데, 어느덧 미수를 바라봅니다. 일생에 책 한 권 놓고 가는 것도 고마운 일이지요.

김명배 시인 소천 2주기에도 보이지 않는 그리움을 안고 삽니다. 그리운 분은 그리워해도 다시 그립습니다. 긴 세월을 건너 만나도 그리움은 여전할 것 같습니다.

선생님이 계셨으면 더 좋은 책을 빚을 것 같은데, 계시지 않으니, 부족한 작품을 봉인하는 마음으로 첫 시집이자 마지막 시집을 발간합니다.

2018년 8월 17일을 앞두고

이 진 학

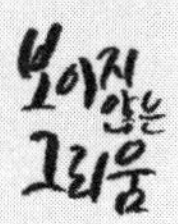

1부 아카시아 숲길

2부 삼거리 능수버들

3부 4월의 마곡사

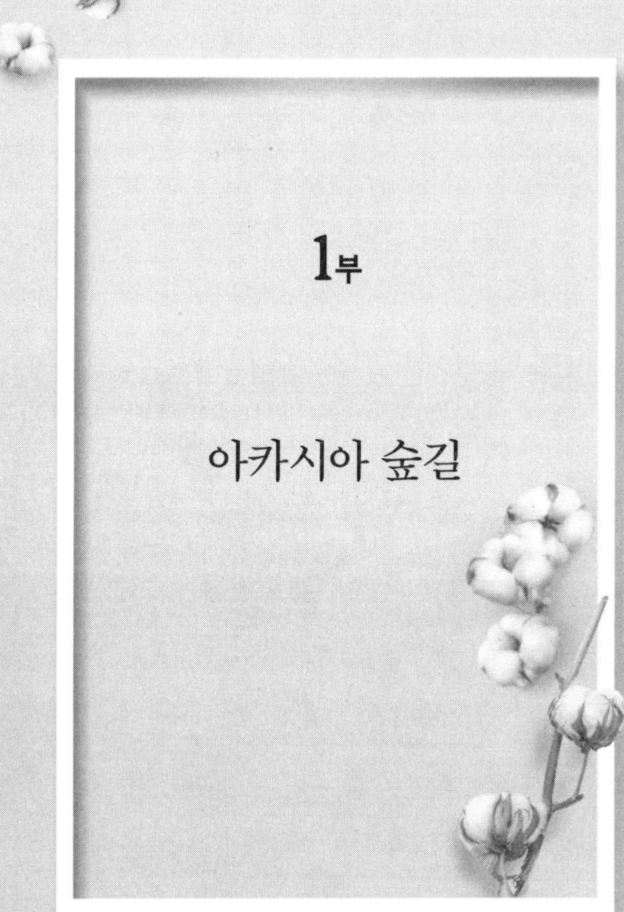

1부

아카시아 숲길

보이지 않는 그리움

입춘

얼어붙은 마음
저만치서 봄은 옵니다.
제비꽃 한 다발
창가에 두고
마시는 녹차 한 잔,
따뜻한 봄의 향기가
내 몸을 감쌉니다.
봄은 아직 저만치
옛날에 머물러 있지만, 나는
몇 고개 넘어서, 여기
여기까지 왔습니다.
올 봄 입춘은
옆자리가 허전합니다.
외로운 구름이
눈에 가득 찹니다.

아침 단풍

안개가 있는 가을 아침
단풍 속으로 걸어가면
곱게 물드는 마음
구름이 되어
하늘로 날아갑니다.
아내가 아닌 여자로
그이와 함께 나누는
휴게소의 커피 한 잔이
따끈합니다.
가을 하늘이
얼굴을 붉히고 서 있습니다.
단풍은 소녀처럼
수줍은 비밀을 가졌나 봅니다.

봄

창을 열고
혼자 앉아 있으면
봄볕 속삭이는 소리 들리네요.
여린 생명의 작은
웃음소리 들리네요.
고개를 들어
하늘을 보고 싶은 날
봄같이 사시다가
봄같이 떠나신 어머니
품에 맴돌던 향기가
나를 감싸 안네요.
이럴 때 꽃망울이 맺히고
꽃이 피는 건가요.
짜릿해집니다.
누가 나를 유혹하지 않아도
오늘은 봄옷으로 갈아입고
외출 한 번 해야겠네요.
백발의 봄 아시나요?

목련

햇살 퍼지는 소리 들립니다.
새 생명의 웃음소리 가득합니다.
당신의 포근한 입김에
고개를 들어 하늘을 봅니다.
해맑은 미소로
꽃망울을 터뜨리는 한 그루 목련
그 도도한 자태가 부럽습니다.
어머니 생각이 납니다.
그러나 그것도 잠시
봄바람에 실려 날아가 버립니다.

아카시아 숲길

아카시아 숲길을 걸어갑니다.
내 어릴 때, 시골
고모님 모시적삼 그 앞섶에
맴돌던 향기 그윽합니다.
아련합니다.
반백 고개를 넘어서서
모시적삼 차려입고
고무신 신고
아카시아 숲길을 걸어가면
고모님 마중 나와 계실 것 같아
마음이 급해집니다.
고모님 모시적삼 그 앞섶에
맴돌던 아카시아 향기
그리워 그리워서
아카시아 숲길을 걸어갑니다.

솔숲

숲길을 걸어갑니다.
머리 위엔 새벽 별이 떠 있고
아침은 아주 가까운 곳에 있습니다.
솔잎 향기가 가슴에 가득 찹니다.
아침 이슬 속에 담긴 별빛은
솔잎 향기를 머금었습니다.
나는 아침을 기다립니다.
기침을 하면서
묵은 어둠을 뱉어내고
한 마리 작은 사슴이 됩니다.

장독 1

장독대에
어머님 할머님 증조할머님
다 모여 계시네.
가마 타고 시집 온
새아씨
그 곁에 앉았네.
쓴맛 단맛 매운맛 짠맛
바람과 세월이 어우러져
시커멓게 타버린 애간장
이어 이어 흘러왔네.
이 흐름
이제 여기서 끊어지려나.
소복이 눈이 쌓인 장독대
내 곁이 허전하네.

박꽃

어머니 젖줄처럼
뻗어가는 박 넝쿨
박꽃은 환한 대낮에는
눈을 감아버리고
밤이면 보송보송한 얼굴로
눈을 뜹니다.
태초의 인연을 찾아서
뻗어가는 박 넝쿨
별자리에 안겨서
속살 희디 흰 꽃을 피웁니다.
수줍은 말씀을 피웁니다.

사월 안개

안개 속에는
그리움이 있습니다.
산을 내려오는 소녀의
봄이 있습니다.
진달래가 있는 풍경
고향의 미소가 있습니다.

안개 속에는
기차소리가 있습니다.
기찻길을 따라
도시로 떠나버린
소녀의 뒷모습이 있습니다.
그 날 아침이 있습니다.
기다림이 있습니다.

종소리

종소리는 별을 띄우고
어쨌나, 꽃을 지우네.
하늘을 흐느끼며 달려갔다가
침묵으로 돌아오네.
바다를 건너갔다가
돌아오네.
기쁨, 내 안의 꽃 한 송이
종소리는 꽃을 피우고
어쨌나, 별을 지우네.

봄날

양지쪽에 앉아 있으면
눈이 감기는 봄날
손녀의 손을 잡고
길을 나섭니다.
반백이 쑥스러워
꽃집 앞에서 망설이다가
후리지아 꽃 한 다발 사서
가슴에 안고
환하게 웃어봅니다.
넉넉해지는 마음
손녀와 함께, 나도
후리지아 꽃처럼
노오란 봄이 됩니다.

오늘 하루

아침 기도를 합니다.
왜 채송화가 피는지
왜 뻐꾸기가 우는지

산다는 것
시집 한 권 가지고
창가에 앉아 마시는
따뜻한 차 한 잔
그것이면 안 되나요?

언제나 동행하는
그림자, 그 무게만큼
허허로운 삶
날마다 오늘 하루

아침 기도를 합니다.
왜 달이 뜨는지
왜 별이 지는지.

석류나무

우리 집 석류나무는
병풍 속의 산마을을
만들고 있습니다.
석류꽃,
그 요염한 봄을 잉태하고
바람난 오월
비바람을 견디고 난 후에야
산 까치가 날아옵니다.
탐욕스런 석류는 끝내
제 몸을 터뜨리고 말지만
거기에도 알알이
사랑이 있습니다.
우리 집 석류나무는
여름 내내
만삭의 몸으로
충만하고 있습니다.
비바람을 견디고 난 후에야
병풍 속의 산마을로 난
길이 보일 겁니다.

윤오월

무인년 윤오월 스무사흘
삼베 혼수 꿰매어
차곡차곡 담아 놓고
꽃가마 타고 시집갈 생각하네.
눈이 부셔서
너무 눈이 부셔서
서러운 윤오월 스무사흘
저 동네 비둘기 구구구 우네.

수의(壽衣)

무인년 윤오월 스무사흘
수의를 깁다.
이순 반백에 꽃가마 타고
시집갈까
요령소리 들린다.
오늘 밤은 잠이 올 것 같다.
무인년 윤오월 스무사흘
수의 혼수를 깁다.

눈길

눈길을 걸어갑니다.
미소가 있는 땅
당신의 음성이
하얀 눈으로 내려와서
나를 유혹합니다.
아득한 평원 속으로
당신을 찾아서 들어가면
또 당신은 그 만큼
멀어지고
눈이 펑펑 내려서
나는 눈사람이 됩니다.
눈 오는 평원은 언제나
고독합니다.
이제 그 찬란한 고독 속으로
영원히 걸어가고 싶습니다.

조기 매운탕

재래시장에 가서 서해바다 소금물과 산마을 바람을 사가지고, 참조기 두어 마리, 고사리, 쑥갓, 미나리 그리고 조선사람 인정까지 시장바구니에 가득 담아 가지고 와서 마늘, 생강, 짠맛, 매운맛, 단맛, 시어머니 손맛까지 곁들여 매운탕을 끓인다. 가끔 아주 가끔이지만 오늘 같은 날 아버님 기침소리와 어머님 미소가 선하다. 식탁 위에 조기 매운탕을 올려놓고 울컥 어머님 아버님 생각이 나서 그이와 나는 숟가락을 못 대고 식사를 마친다.

사는 게 무언지 육십이 넘어서부터
나는
먼 산을 바라보는 시간이 많아진다.

산사

비탈에 해가 떨어지고
산사에 밤이 오다.
그이와 나는
돌아갈 곳이 없다.
인연을 엮어서 하룻밤
산속에 눕다.
어쩌자고 산새는 우는가?
밤새도록 그이와 나는
슬픈 짐승이 되다.

민들레꽃

하얀 모자, 노랑 모자 쓰고
민들레가 바람납니다.
꽃샘바람에 입 맞추고
구름 타고 갑니다.
봄에는 새 생명을 가득 싣고
돌아옵니다.
하얀 이야기 노랑 이야기
민들레는 이야기꽃을 피웁니다.
마당에도 돌담길에도
산 너머 들판에도
끝없이 이야기꽃을 피웁니다.
하얀 모자 쓰고, 노랑 모자 쓰고
민들레가 바람납니다.

가을 산책

가을 길을 걸어갑니다.
마음이 풍성해집니다.
산과 들이 고운 옷 갈아입고
따라옵니다.
구름도 따라옵니다.
바람이 어깨를 툭 칩니다.
웃음이 나옵니다.
가을은 내가
여자로 보이나 봅니다.
속으로 콧노래를 부르면서
가을 속으로 걸어갑니다.

2부

삼거리 능수버들

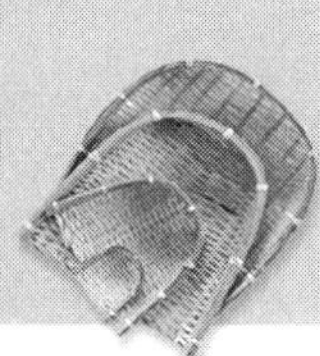

보이지 않는 그리움

대보름달

해마다 대보름달 속에는
어머니가 계시네.
임진년 대보름달 속에도
어머니 얼굴이 있었네.
왜 눈을 감고 계실까.
민망해서 나도 눈을 감고
빌고 빌었네.
내년 대보름달 속에는
어머니의 웃는 얼굴이
보고 싶다고 빌고 빌었네.
대보름달 속에는 어머니가 계시네.
사진 한 장 없는
어머니의 얼굴
내 사진을 꺼내보고 만나는
어머니의 얼굴.

계절

생명이 있는 것은
계절 따라 황홀한
몸으로 변화하고 있습니다.
어느덧 산수(傘壽)가 지나
헐벗은 내 모습은
구름 위에 앉아
황홀한 너울 속에 잠깐
쉬어가고 있습니다.
나는 미소 지으며
세상을 바라봅니다.

인연

어머님 품에서
세상을 바라보며
빛을 따라 걸어 온 길목에서
부부의 인연을 맺어
사랑의 꽃과 씨를 피워봅니다.
아름다운 새 생명들의 인연을
내 몸에 품고 둥지 속에서
하룻밤 꿈속에서 눈을 떠보니
둥지 속은 텅 비어 있습니다.
희수를 바라보며 홀로 서서
내 집은 어디가 될까
내 평생 그리워하던
어머니의 집일까
잠이 들은 어머니의 고운 모습에
자장가 소리가 들려옵니다.

가을

어느덧 입추가 지나
가을이 성큼 소리 없이 다가옵니다.
풍성한 계절을 바라보며
아름다운 소리에 가을을 느껴봅니다.
산과 들에는 가을을 축복하며
저마다 맞는 옷들을 입고
나들이를 떠나고 있습니다.
계절은 내 마음을 휘어잡고
소리 없이 갑니다.
당신을 사랑합니다.
가족들에게 정말 미안합니다.
사랑합니다.
나는 허탈하게 웃으며
떠날 준비를 하고 있습니다.

노을

오색찬란한 저녁노을
끝없는 불꽃
석양 길 날아가는
짝 잃은 기러기
외로운 길손 되어
끝없는 노을 속에
한 폭의 그림으로
애절한 노래 소리
찬 이슬에 잠든 길손
아무도 찾는 이 없네.

미래의 아파트

적막 속에 질서 있는 아파트
세상을 하직한 사람들
산새들의 슬픈 음악소리
길손을 맞는 꽃들의 미소
내가 걸어 온 지난 날
안식할 수 있는 몇 평의 땅
편히 쉬리라.

은행나무

저마다 삶의 길을 갑니다.
파란 은행나무들
하늘을 보며 미소를 짓니다.
너울대는 바람결에 가을이 오고
노란 예쁜 옷으로 단장합니다.
낙엽이 우수수 떨어지는
황금의 저녁노을처럼
방에 누워있는 아가의 손처럼
낙엽이 잠을 자고 있습니다.
헐벗어 앙상한 나무들
참새 떼 재재대는 소리
이 봄을 기다리고 있습니다.

가을 고추잠자리

아침 일찍 산책을 하면
고추잠자리는 어김없이
내 머리 위에서 비행을 한다.
고추잠자리는 해마다 잊지 않고 오는데
가신님은 기다려도 서신 한 장 없어
서러워 서러워서
언제나 눈물방울 떨어질까 기다린다.

새싹들

오월의 싱그러운 햇살에
자라는 새싹들
푸른 동산에
마음껏 달리며 꿈을 마시고
대를 이을 꿈나무들
어서 자라
삼천리 방방곡곡마다 울창한 새싹들
어서 자라 큰 나무 되어
이 나라에 꿈나무들
기둥이 되어라.

대추나무

시아버님 따라 시집온 대추 아가씨
가지마다 주렁주렁 매달린 자식들
엄마의 둥지 속에서 함박웃음꽃을 피웁니다.
세월과 어우러져 꽃도 피우지 못하고
반은 죽고 반은 살아서
파란 옷만 갈아입고 꽃도 피우지 못하고
대추나무 가시처럼
온갖 욕정에 더럽히지 않고
한그루의 대추 할머니가 되었습니다.
아버님 따라 시집온 대추 아가씨를
날마다 측은한 눈으로 한 번씩 더 보게 됩니다.

님의 미소

소나무처럼 곱고 곧은 님이시여
푸른 솔잎처럼 살다 가신 님
시원한 바람 쐬려고, 그 한마디
아름다운 초대에 눈을 감으시고
반갑게 맞아주시는 부처님 초대에
먼 길을 떠났습니다.
수많은 별들 속에서 정다운 목소리
따뜻한 미소를 찾을 수 없습니다.

삼거리 능수버들

가마타고 시집 온 새아씨
능수버들 늘어진 가지에
새아씨 옥색치마 갈아입고
그네를 탑니다.

바람과 어우러져
낙엽이 쌓여 사라지고
새아씨 옥색치마 갈아입고
미소를 지으며 걸어갑니다.

아기동백

아기동백이 멋진 소녀가 되어
하얀 동백꽃 모자와
긴 머리가 어우러져
동백꽃을 쓸어안고 하늘을 보며
미소를 짓고 있습니다.

할아버지! 할아버지!
난 할아버지와 결혼할거야!
노래하던 아기동백은
꽃들과 오밀조밀 모여 앉아
자그마한 입술로 소곤소곤 거립니다.

활짝 핀 꽃처럼
웃음꽃을 피우고
소녀는 수줍은 비밀을
가슴에 싣고 걸어갑니다.

회양목

꽃가마 타고 가신 시어머님
내 아들은 백만 송이 꽃 속에서
산다고 하신 말씀대로
꽃 속에 둥지가 됩니다.

회양목이 시집온 지 사십년
온 집안을 꽃과 향기로 감싸주고
이 봄도 향기에 취해 어김없이 찾아들며
수백 마리 벌떼들의 음악소리
서로의 미소와 눈맞춤을 하며
행복을 가득 담아 보았지요.

향기와 음악소리를 가득 싣고
아침이슬 속에 담긴 영롱한 별빛
이 봄에 그분께 다 드리고 싶어요.

함박꽃

해님처럼 활짝 핀 함박꽃
정원에 꽃들이 가득히 채워지고 있습니다.
어둠이 오면 함박꽃은 살짝 입을 다물며
별빛을 받으며 사랑의 꽃을 피우고
그윽한 향기가 나를 포근히 감싸주고
당신의 미소가 아련해지네요.

봄비

봄비가 내리네요.
봄은 아직 저만치 있는데
바람 타고 봄을 싣고 오네요.
풋나무에게도
사랑의 봄비로 감싸주고
바람 난 꽃들이
나를 안아주네요.
정원에 오밀 조밀 모여 집을 짓고
까르르 까르르
웃음꽃을 피우고 있네요.

장독 2

장독들의 근엄한 자태와 빛
하나, 둘 모여 앉아 서열이 되고
세월의 흐름에 타버린 애간장
미래의 비밀을 아는 하얀 흐름
대대로 흘러가도 장독들은 말이 없고
거짓 없는 빛과 낯 설은 시간들이
후손들에게 가풍을 전하겠지요.

들꽃

봄은 아직 먼 곳에 있는데
봄바람 타고 고향을 찾는
들꽃
바람난 들꽃들은
산이나 들,
돌담길에 모여앉아
겨우내 꿈을 꾸고
쌓인 이야기들
노랑, 빨강, 하얀 이야기꽃을 피우며
곧고 질긴 들꽃은
화려함과 오묘한 색감
사람의 마음을 휘어 잡으며
어디를 가나 들꽃은
화려함을 지니고 있습니다.

호박

태초의 인연을 찾아서
어머니 젖줄처럼
뻗어가는 호박넝쿨
가지마다 주렁주렁 엄마 품에 안겨
밤이 오면 호박꽃들은
살짝 눈을 감고 있습니다.
별빛이 영롱한 이슬 속에
기름이 잘잘 흐르는 애호박
엄마는 아가들을 따는 소리에
눈물을 흘리고 있습니다.
치마폭에 숨어 있는 아가들… 어쩌나?
가을 하늘처럼 붉게 물들고
깔깔 웃으면서 자매들이 모여
따뜻한 품으로 돌아가고 있습니다.

부부의 찻잔

부부가 창가에 앉아
예쁜 찻잔에 차를 마시며
행복을 가득 담아 보았습니다.

그 행복도 옛날 속으로 아련해지고
창가에 녹차 한 잔
찻잔 속에
그분의 하얀 미소가 가득 담겨 있습니다.

그 미소가 사라질 것만 같아
날마다 찻잔을 보고
지난 행복을 가득 담아봅니다.

3부

4월의 마곡사

보이지 않는 그리움

새벽

긴 수면 속을 벗어나 눈을 비비면 어김없이 새벽 시간입니다. 나는 내 가족의 건강과 평안을 기원하며, 이웃과 사회, 국가의 안녕, 그리고 건전한 마음과 용기와 깨달음을 부처님께 항상 발원합니다.

우리 부부는 별빛을 머리에 이고 새벽 산책을 갑니다.

오늘 하루의 일과를 마음속에 담으며 말없이 걷노라면 한적한 새벽 거리는 가로등만 서로의 눈빛을 바라보며 우리에게 미소를 보냅니다.

고요한 새벽 산사의 종소리에 모든 생명들이 잠을 깨며 우리 부부는 해맑은 별빛을 머리에 이고 걸어갑니다.

우리의 산책길은 교보빌딩, 금강식물원, 오룡경기장, 신안구름다리, 그리고 천안중학교 운동장. 두어 바퀴를 돌아서 집으로 오면 48분 거리입니다.

이 시간은 하루 생활의 원동력이 되며 산뜻한 거리의 공기를 가슴에 가득 채우는 시간입니다. 새벽 거리에는 미친 듯이 달리는 차들, 청소부, 우유배달, 신문배달로 아침을 여는 삶의 활력소들이 뛰어다닙니다. 나도 지난 날에는 저런 삶이 있었습니다.

왜 이렇게 무력하게 되었는가. 그동안 지나간 시간들이 얼마나 무상했는가? 나는 참된 삶을 살아 왔는가? 이런 저런 자문자답을 해가며 걷습니다. 정말 잠깐 지나간 시간들이 왜 이렇게 길고도 멀게 느껴지는 걸까요? 나이 탓일까요. 아니면 여자의 감상 때문일까요.

인간의 심성은 본래 맑고 착한 마음을 지니고 있다하니 새벽 이 시간만은 누구나 깨끗하고 아름다운 마음을 가지고 있겠지요. 그래서 새벽은 늘 아기부처님의 마음처럼 신선합니다.

오늘도 우리 부부는 언제나처럼 새벽 별빛을 받으며 부처님의 명호를 암송하면서 산책을 합니다.

피난길 한 이야기

우리 집은 구성동 길가 집이었고, 나는 거기서 태어나고 성장했다. 6.25사변이 나자 우리 가족은 30리 떨어진 시골 성남으로 피난을 갔다. 난생 처음 당하는 일이라 허둥지둥 피난길에 올랐다.

동네 길가에는 수많은 인민군 탱크와 군용차들이 행렬해 있었다. 그래서인지 우리 동네가 천안에서 제일 먼저 미군 비행기의 폭격을 받았다. 동네는 순식간에 잿더미로 변하고 동네 사람들은 모두 다 알거지가 되어버렸다. 천안에서 가장 큰 피해를 입었던 것이다.

그러나 다행히 우리가 쌀을 숨겨둔 집은 타지 않고 있었다. 나와 어머니는 두 살 된 동생을 번갈아 업고 쌀을 가져가려고 위험을 무릅쓰고 천안을 나와야 했다. 그 당시 우리 동네에는 인민군과 내무서원들이 활보하고 있었으며 핏발이 선 빨갱이 세상으로 벌써 변해 있었다.

쌀을 가져가려고 그 집에 들어갔다. 순간 '펑'하는 소리와 함께 집이 암흑으로 변했다. 알고 보니 우리가 있던 집이 폭발한 것이었다. 나는 앞이 보이지 않아 정신없이 엉금엉금 기어서 밖으로 나왔다. 한참 후에야 아픈 생각이 들어 내 몸을 살펴보았다. 다리에서 흘러내리는 피를 보고서야 비로소 다리를 다친 것을 알았다.

비행기는 사정없이 기총소사를 하며 그 집을 맴돌고 있었다. 굉음을 내며 저공비행을 하는 전투기는 마치 병아리 떼를 본 독수리의 돌격처럼 무시무시했다. 허허벌판이 된 동네 한 복판에서 나는 옴짝달싹할 수 없었다.

숨을 곳도 없었다. 너무 무섭고 후들후들 떨리고 두려워서 그 집 굴뚝을 꼭 껴안고 비행기에 살려 달라고 애원하며 울고 있었다. 그 집이 타기 시작하면서 비행기는 어디론가 사라졌다.

지금도 나는 그 생각만 하면 온 몸이 아찔하다. 그리고 웃음을 참을 수가 없다. 그런 일을 당하면 누구나 그렇게 되는 것일까. 얼마 후에야 동네 사람들이 하나둘씩 엉금엉금 기어 나오기 시작했다. 작게 또는 크게 부상을 당하지 않은 사람이 없었다.

그때서야 정신이 들어 어머니와 동생을 찾아보았다. 그러나 아무도 본 사람이 없다고 하였다. 분명 폭격당한 집에서 돌아가신 줄 알고 한없이 울었다. 그런데 다 저녁때가 되어서야 어머니와 동생의 소식을 들을 수가 있었다. 어머니도 다리를 다치셨고 어린 동생은 정신을 잃어 만 하루 만에 깨어났다.

나는 6.25사변이 끝날 때까지 비행기 소리만 들으면 무섭고 겁이 나서 한 번도 천안을 나오지 못했다. 그 후 6.25가 오면 어김없이 다리가 붓고 아파서 조용히 그 때를 생각하게 된다.

인천 상륙작전에 성공하고 연합군이 낙동강에서부터 북상하기 시작하여 인민군이 연일 북으로 북으로 후퇴하게 되었다. 아버지는 먼저 천안으로 나오셨고, 어느 날 인편으로 나오라는 연락을 보내셨다. 우리 가족은 피난살이를 마치고 급히 짐을 챙겨 길을 나섰다.

천안 나반들 고개 길에서부터 인민군들이 즐비하게 손을 머리에 올리고 무릎을 꿇고 도열해 있었다. 천안삼거리에 당도하니 국군 헌병과 미군 헌병이 총을 겨누며 검문을 하였다. 우리가 피난

했던 집 딸이 천안 구경을 하기로 하고 같이 짐을 이고 따라왔었다. 헌병은 우리에게 가족관계를 물었다. 그 때 어머니는 아무 생각 없이 둘 다 딸이라고 말씀해 버리셨다. 고개를 갸우뚱거리던 헌병은 나를 유심히 바라보다가 여성동맹 학생이 분명하다고 열외 시키는 것이었다.

그 때 나는 어떤 심정이었을까. 나는 인민군들 속에서 손을 머리에 올리고 무릎을 꿇고 오들오들 떨며 하루의 긴 시간을 보내야 했다. 신분이 밝혀지지 않으면 인민군들과 함께 총살을 하겠다고 협박했다. 내가 여성동맹 학생이라니 어이없는 일이지만 죽음도 두렵고 이런 일을 생각지도 못한 일이라서 몸이 굳어져 말이 나오지 않고 앞이 캄캄하기만 했다. 난생 처음 보는 백인 병사와 흑인 병사들이 외계에서 온 괴물 같게만 느껴졌다.

지금은 개방된 세상이라 친근한 얼굴들이다. 어머니는 아버지를 찾아오시느라 하루의 긴 시간을 다 보냈다. 아버지와 삼거리 이장께서 신분 확인을 해주어서 다행히 저녁때가 되어서야 풀려나게 되었다. 나는 하루가 백년은 된 것처럼 기진맥진해 버렸고 그 허탈감은 형언할 수 없는 것이었다. 6.25 피난길에 생긴 일이긴 하지만 지금도 아찔아찔한 생각이 든다.

겁 많고 좀 조숙했던 내가 6.25 때 겪은 가장 두렵고 아픈 기억에 관한 추억이다. 1번 국도였던 구성동 길가 천안삼거리 길. 요즘도 가끔 한참씩 발을 멈추게 한다.

꼬마들과 띠앗

어느 사찰에서나 해마다 한 번씩 방생의 날 행사를 하듯이 우리 사찰 보열사에서도 어김없이 방생의 날 행사를 대대적으로 거행해왔습니다. 다만 금년에 와서 우리 사찰은 다른 사찰과 달리 '인간 방생의 날'로 정하고 보육원 방문이나 불우 이웃돕기 행사를 하는 날로 정하고 시행하기로 했습니다.

물고기들이나 새끼 동물들을 자연으로 돌려보내는 일도 중요하고, 그것 또한 더할 수 없는 공덕이긴 하지만, 이 오염된 자연에 살지도 못할 불쌍한 새끼 동물들을 방생이라는 이름으로 사지에 몰아넣는 인간의 죄 또한 적지 않은 것 같아서 인간 방생 쪽으로 그 대상을 변경하기로 하였습니다. 금년에는 3월 4일로 날이 정해졌습니다.

아직 봄추위가 만만치 않는 3월 초순의 일기는 변덕스러운 날입니다. 전날에 많은 비는 아니지만 봄을 재촉하는 비가 온종일 내렸고, 밤까지 간간이 비를 뿌렸습니다. 소풍 전날의 어린이처럼 마음이 들떠 잠을 못 이룬 것이 아니라, 비며 추위며 이런저런 생각 때문에 깊은 잠을 들지 못했습니다.

아침에 비는 그쳤지만 쾌청한 날씨는 아니었습니다. 아직도 추위로 찌든 하늘이 사뭇 우중충했습니다. 나는 새벽녘 회색빛 구겨진 하늘이 원망스러워졌습니다. 오늘의 행선지는 충북 청원군 옥산면에 소재한 혜능보육원과 도운사, 그리고 충남 예산의 수덕사였습니다.

9시 30분, 여섯 대의 버스에 탑승하여 첫 행선지로 출발하였습니다. 약 40분 동안의 거리를 달려오는 동안에 기분은 많이 좋아졌고, 그런 좋은 기분으로 혜능보육원에 도착하였습니다. 나는 일 년에 두어 번씩 뜻있는 신도들과 함께 이곳을 방문하고 있기 때문에 특별히 다른 감회는 크지 않았지만 언제나처럼 가벼운 마음은 아니었습니다. 간밤 봄비가 풋나무에게 생기를 불어넣어주었듯이 이 새봄에 싱싱한 희망을 가슴 가득 채운 아이들이 눈앞에 나타나 주었으면 하는 마음이 간절했습니다. 그들을 만나기 위해 다가서는 나는 설렘과 알 수 없는 두려움으로 혼란스러웠으며 날씨마저 스산하고 을씨년스러웠습니다.

그러나 막상 꾸러기들을 만나보니 그런 고아원 아이들에 대한 고정관념과 측은지심은 봄눈 녹듯이 사라져 버렸습니다. 천진난만한 모습과 활기찬 모습들, 적어도 뒤가 아닌 앞에서 보는 모습에서는 밝고 맑은 모습들이 대부분이었습니다. 나는 금년에야 처음 깨달은 것이 있습니다. 이들을 보는 사회적 시선이 차가움이든 측은함이든 다 꾸러기들을 바라보는 올바른 눈이 아니라는 것입니다. 그냥 부모 밑에서 자라는 보통 아이들처럼 그렇게 보아주는 눈이 그들을 올바로 보는 눈이며 그래야만 그들도 부담 없고 편안해지리라는 것입니다.

우리들은 우선 금일봉과 신도들이 각자 정성스레 준비한 상당량의 선물 꾸러미들을 관계자에게 전달하고 그곳 사무장의 안내를 받아 식당으로 들어갔습니다. 사무장은 이러저러한 보육원의 문제점을 조목조목 설명하고 방문해준데 대한 감사의 인사와 이곳 원생들에게 아낌없이 주는 사과나무같은 후원자를 찾는다는 말까지 하나도 빠짐없이 의례적인 말로 우리를 맞이했습니다.

96세 고령의 원장님은 불심 깊은 불자이시고 해방 후 18명의 고아들을 데리고 이곳에 정착하여 자비를 몸소 실천하고 계신 보살님이십니다. 70년간 고아들을 돌보시며 곱고 아름답게 늙으신 얼굴. 그것이 바로 보살님의 얼굴이 아니고 무엇이겠습니까? 고개가 저절로 숙여졌습니다. 이곳을 거쳐 간 아이들은 1천명이 넘으며 원장님은 학교 교육에도 소홀하지 않고 뒷바라지해 공부시킨 덕분에 아이들 중에는 훌륭하게 성장하여 사회의 유명인사가 된 이도 여럿 있다고 하였습니다. 이곳 원장님은 아동복지를 위한 평생의 공로로 복지부문 훈장인 대한민국 동백장과 청주시 문화상 등을 수상하였습니다.

'띠앗'이란 말이 있습니다. 형제, 자매 사이의 친해진 정을 뜻하는 순수한 우리말입니다. 원장님은 이들 원생들이 다 띠앗이 되게 해 주십사하고 한결같이 아침 예불을 거르지 않으신 참불자라 하겠습니다.

내가 이번에 만난 삼월의 띠앗들, 정말 해맑은 눈동자를 가진 구김 없는 얼굴이었습니다. 재잘대는 주둥이며 활기찬 모습 저렇게 아무 걱정 없이 뛰어노는 모습을 보면 누가 저 아이들이 부모 없는 고아라고 생각이나 하겠는가 여겨졌습니다. 내가 신도들과 함께 이곳 보육원을 1년에 두어 차례씩 방문하는 까닭은 보시를 하기 위한 것이 아닙니다. 그것보다는 그들의 티 없이 맑은 얼굴 속에서 띠앗을 찾아보기 위해서라고 하는 말이 더 정확한 것입니다.

수식이 많은 사치스러운 말이라고 비난해도 갈 때마다 보이는 새 얼굴, 정말 여느 아이들과 다름없는 얼굴로 띠앗을 키우며 자라나는 아이들을 만나다는 것은 행복한 일입니다. 요즘 같은 세상에 띠앗이란 의미가 어디에 있으며, 항간에서 찾을 수 있는 일도 아닙니다. 형제가 어디 있으며 자매가 무엇입니까. 나 혼자밖에 모르는 각박한 정, 이런 세상에서 띠앗을 키우며 자라는 아이들, 그들이 설혹 부모와 사회로부터 버림받은 아이라 해도 신으로부터 버림받지는 아니하였습니다. 부처님의 가호가 계시리라 믿습니다.

6.25가 끝난 지도 50년 가까이 되었는데도 아직 우리나라에는 278개의 보육원 시설이 있고 2,500여명의 고아들이 보호를 받고 있다고 합니다. 여전히 고아 발생률이 줄어들 기세를 보이지 않고 있다고 합니다. 50년대에는 전쟁고아가 대부분이었으나 이젠 그런 이유가 아니라 다른 이유로 고아가 되고 있습니다. 가슴 아픈 일은 교통사고, 갖가지 지병 등으로 부모를 사별해서 고아가 된 아이들이 더 많다는 사실입니다. 가정 파탄으로 부모에게 버림받은 아이들은 동네 사람들이나 친척들의 손에 이끌리어 보육원으로 오고, 심지어는 엄마가 끌고 와 통곡 속에 이별하는 슬픈 풍경을 연출하기도 한답니다. 10대의 철없는 미혼모가 아이를 맡기고 돌아서기도 하고, 거리에 버려진 아이들을 공무원이 안고 보육원을 찾는 일도 많다고 합니다. 동정이든 통곡이든 어떻게 이별을 해서 보육원 울타리 안에 돌아온 아이들은 곧 그들로부터 잊혀진 아이가 되는 것입니다.

갓난아기와 엄마 치맛자락에 매달리던 서너살 꼬마들도 세상에 혼자 남아 자신의 삶을 살아가야 하는 것입니다. 그래서 아이들은 엄마 품이 그리워 따스함을 잊지 못해 사랑병을 앓고 있습니다. 이렇게 살아가야하는 아이들, 사랑병을 앓고 엄마품은 잊었지만 자비와 사랑과 띠앗으로 새 삶을 찾는 그 현장이 오히려 나를 깨닫게 하는 것이었습니다.

분명 생명은 고귀한 것입니다. 눈망울이 유난이 큰 꼬마형제, 이름도 성도 모르는 이들이라고 합니다. 여기에 온 지 3일이 되었지만 며칠 더 기다리다가 찾아가지 않으면 보육원의 새 가족이 된다고 합니다. 작은 아이는 2살 꼬마라서 영아보육시설로 가야한다고 하니 저 형제는 띠앗도 키우지 못한 채 한 번 더 이별을 해야 하는 것입니다.

4살 2살 형제 꼬마는 둥지 잃은 새 같이 뽀얀 솜털이 가실가실한 얼굴로 유난히 큰 눈망울을 굴리며 울고 있습니다. 세상이 두려운 것인지 부모의 그리움인지 무엇이 그들을 울리고 있는지 생각하고 싶지 않습니다. 이 꼬마들의 얼굴이 인간 최초의 얼굴과 얼마나 유사한 것인지 몰라도 부처님께 그 꼬마들의 얼굴들을 책임져 주십사 하고 기원하였습니다.

도은사로 해서 예산 수덕사에 다녀오는 것으로 오늘 하루를 마무리 했지만, 나는 오래오래 그 꼬마 형제의 얼굴을 지울 수가 없습니다. 지금도 새 얼굴들이 스쳐 지나가는 듯합니다.

긴 세월과 보이지 않는 그리움

1997년을 맞이한 것이 어제 같은데 한 해의 절반이 넘어 추석이 다가왔습니다. 열여섯의 청순한 소녀적 꿈을 가슴에 안고 사는데 지천명이 지나 이순의 절반 나이에 이르렀다하니 전혀 실감이 나지 않습니다. 나는 얼마나 더 오래 살지는 모르는 일이지만 죽음을 향해 걸어가고 있는 오늘의 내 그림자가 눈에 보이는 듯합니다.

거울을 보면 얼굴이 초췌하고, 머리카락은 윤기 없는 무명실타래처럼 희뿌옇고, 목 언저리는 젊은 시절의 생기를 잃어 생선 비늘처럼 거칠어졌습니다. 옛날에 어머님이 여자는 회갑에 이르면 목과 손을 보면서 그 사람의 나이를 알 수 있다고, 목과 손이 나이보다 한 걸음 빠르게 세월을 따라간다고 하셨는데, 과연 거울을 볼 때마다 요즈음 더 어머님 말씀이 생각나고 그리워집니다.

지난해에는 친정아버님과 친지들이 앞서거니 뒤서거니 유명을 달리했습니다. 죽음을 준비한 사람, 준비하지 못한 사람, 죽어가는 것을 알다가 가는 사람, 전혀 알지 못하다가 졸지에 가는 사람, 그렇게들 세상을 떠났습니다. 추석이 다가오는 요즘 유명을 달리한 양가 부모님들…. 살아계실 때 잘한 것보다 못한 것만 남아 있습니다. 지금같이 살기 좋은 때에 살아 계셨더라면 못 다한 것을 다해 편히 모실 수 있었을 텐데…. 생각하며 후회하고 있습니다. 이런 명절날과 제삿날, 그리고 가정에 우환이 있을 때면 더 없이 부모님에 대한 그리움이 밀려옵니다.

나는 불행하게도 긴 세월동안 미처 피어보지도 못한 한 생명의 봉우리를 가슴에 묻고 살아오고 있습니다. 다시는 오지 못할 빈이를 먼 곳으로 떠나보내고 마음속으로 잡을 수 없는 세월 속에서 이러저러한 사랑의 자문자답을 해나가며, 그 모습을 그려보고 그리움을 안고 살아왔습니다. 끝내 보이지 않는 그리움과 무상에 못이겨 웃음과 말을 잃어버린 적도 있습니다.

계절이 바뀌거나, 이런 명절이 다가오면 아픈 상처가 더 없이 부풀어 오르고 가슴을 저미는 아픔, 떼어버릴 수 없는 모정을 못이겨 지금까지 남모르는 병을 숨어서 앓고, 텅 빈 가슴에 채워지지 않는 마음…. 눈을 감고 난 다음에야 채울 수 있을지 모르겠습니다.

그 허탈한 마음을 채울 수 없어 그 때마다 물건을 구매하는 습관이 생겼습니다. 바로 후회하고 자책하면서…. 지금도 어디엔가 살아 있다고만 하면 이 풍성한 계절의 과일과 음식들을 바리바리 싣고 단숨에 달려갈 것입니다.

보이지도 않는 가슴에 그리움과 눈물을 담고 바람과 세월에 어우러져 나는 여기까지 걸어왔습니다. 이 세상에서 인간이 치르는 제일 아픈 병은 사별의 애통과 죽음의 공포라고 생각합니다. 인간은 태아로 생겨난 순간부터 목숨만이 아니라 죽음과 함께 성장합니다. 죽음이 생명의 손을 잡고 언제 어디든 항상 어깨동무하며 나란히 동행합니다.

나는 몇 번 죽었다 살아났습니다. 생명을 건 대수술도 두 번이나 받았고 몇 년 전에 고희의 봄을 맞으면서 무릎 관절 수술도 받았습니다. 여러 번 오랫동안 투병생활을 하기도 했습니다. 그래서 이렇게 살고 있고 걸을 수 있는 것이 너무 감사해서 하루하루를 더욱 소중하게 살고 있습니다.

금년 봄 고희의 중턱에서 맞는 내 생일날에는 감회가 더욱 새로웠습니다. 마치 다시 못 볼 줄 알았던 사람들을 축복으로 만나듯 그렇게 새봄을 맞는 감동이 가슴이 뜨겁고 연록의 잎새며 꽃송이 앞에서 감탄의 환성이 터져 나왔습니다. 살아 있는 것이 무한으로 감미롭고 감사함이 생명의 새봄, 찬란한 봄, 햇살을 전신으로 빨아들이며 개나리꽃을 피우듯, 철쭉꽃을 피우듯, 목련꽃잎을 터뜨리듯 그렇게 우주의 생명력을 가슴으로 받아들여 생명의 꽃을 피워내고 싶었습니다.

나는 어느 날 문득 세상으로 들어갈 때에도 결코 잊지 못할 사랑의 추억을 준비하면서 오늘 내가 누리는 이 생명의 신비를 감사드리고 있습니다. 어떻게 살아야 하나, 어떻게 죽어야 하나를 생각하며 이 봄의 하루하루를 소중하게 아끼고 사랑합니다.

'아무도 함께 가지 못하고 나 혼자서' 사랑하는 가족과 아무것도 가져가지 못하고 다 남겨둔 채 '사람은 반드시 죽는다'는 사실을 수렴하면서 오늘도 삶의 지혜를 터득하려 합니다. 죽음을 생각하면서 사는 것도 삶이 진실로 삶을 사랑하는 자세임을 알 듯 합니다. 젊음은 누구나 다 아름답지만, 사람은 비록 늙은 후에도 여전히 아름다움을 잃지 말아야 하는 것이 아닐까요?

오늘도 밀려오는 그리움을 가슴에 안고 넉넉한 가을 하늘을 바라봅니다. 그 아이는 어딘가에 봄으로 환생하고 있을 것이라는 확신을 가지면서 그곳에 나도 환생하기를 기원합니다.

어머니

어머니란 이 세 글자를 가슴에 묻고 보통 사람과 다른 삶을 살아왔다. 이제 백발을 머리에 이고 굳게 닫힌 내 마음을 열어서 어머니를 기억해 보려고 하니 새삼 그리움이 앞을 가린다.

어머니라는 말이 왜 이렇게 생소할까? 나는 일곱 살에 어머니를 여의었기에 어머니에 관한 기억이 그리 많지 않다. 다만 가까운 친척들이 들려 준 어머니에 관한 이야기들을 모두 다 내 기억으로 착각하면서 살아야 했고, 이제 그런 것들을 여기에 정리해 보고자 한다.

친정아버지, 어머니는 1926년 정혼하고 택일까지 받아 놓았는데 그해 4월 순종황제께서 승하하시어 나라에 국상이 났다는 이유로 이듬해 다시 날짜를 받아 결혼식을 치르셨다고 한다. 양반가의 법도를 중히 여기신 할아버지의 결정이셨다. 그해 농사를 짓고 처분해도 되는 전답 섬지기를 서둘러 팔아 혼수를 장만해 놓고 결혼 연기를 통보 받은 외삼촌은 워낙 기우는 혼사에다 시일까지 끌게 되자 더욱 고민과 상심이 크셨다.

할아버지께서는 비단을 비롯해 갖가지 예물과 이바지 그리고 어머니보다 더 큰 꽃다발을 외갓집에 보내시고 하님과 가마꾼들 이십여 명을 보내어 이십일 동안 머물게 하시어 긴 신행을 하게 하셨다. 외삼촌은 하님에게도 황소 한 마리 값을 주어 보내셔야 했다니 혼인은 정말 기울지 않는 비슷한 집안끼리 하는 것이 좋을 것 같다. 기둥이 흔들려서야 되겠는가?

어머니는 결혼한 지 8년 만에 나를 낳으시고, 나는 일곱 살까지 무남독녀 외딸로 자랐다. 어머니는 대를 이을 아들을 낳지 못하셨다. 그래서 항상 어두운 삶을 사셨고, 스님들이 오시면 많은 쌀을 시주하곤 하셨다고 한다.

왜정 때 천안 서리말(지금은 사직동)에 처음 유치원이 설립되어 나는 다섯 살 때부터 유치원에 다녔다. 어머니는 다른 사람들의 아들 돌 잔치하는 것을 보시고 얼마나 부러우면 딸 생일날 잔치를 유치원에 다닐 때까지 매년 푸짐하게 해 주셨다.

그런데 어느 날 갑자기 어머니가 자리에 누우셨다. 서울 어느 큰 병원에 가기로 하셨던 아버지는 차를 타면 차가 흔들려서 환자의 병세가 더 악화될까 염려되어 서울에서 박사님을 모셔다가 진료를 받도록 하셨는데 아무 효험도 없이 복막염으로 돌아가시고 말았다. 방에서는 외할머니의 애절한 울음소리가 들려왔다. 딸을 두고 어떻게 눈을 감았을까? 나는 어린 마음에 돌아가신 것이 무엇인가 이상하게 생각하며 멍하니 다른 사람들의 이야기를 듣고 있었다.

그러나 상여 속에 어머니가 누우신 것을 알고 그 때서야 죽음이 실감나 얼마나 뒹굴고 울었는지, 지금도 그 기억만은 생생하게 남아있다. 어머니는 32세 나이에 돌아가시고 대를 잇지 못한 채 어린 딸을 두고 다시는 돌아올 수 없는 먼 길을 떠나셨다. 어머니는 어린 딸을 두고 어떻게 눈을 감고 가셨을까?

그 때부터 나는 밤이 무섭고 어머니가 그리워서 멍하니 서있는 버릇이 생겼다. 할머니는 그런 내가 불쌍해서 데려다 달래주시곤 하셨다. 그 해에 아버지는 재혼을 하셨다. 성장하면서 나는 가정의 화목을 위하여 착한 딸 노릇을 하였고 씩씩하고 명랑하다는 것을 보이기 위하여 아무에게도 절대로 눈물을 보이지 않았다.

그러나 밤이면 별을 보고 어머니를 그려보며 가슴에 눈물을 담고 살았다. 밤하늘 속에서 어머니의 향긋한 냄새, 정다운 목소리, 따뜻한 미소 등 그리운 어머니를 찾아서 마음에 간직했다. 나는 어려서부터 단 것을 너무 먹어 치과에 다닐 때 어머니의 등에서 잠들곤 했었는데, 그 포근한 모정이 가득 차올라 눈물 젖은 행복을 느낄 수 있었다.

우리 집은 구성동 길가에 있었다. 6.25사변 때 인민군 탱크와 군용차들의 행렬해 있기 때문에 비행기의 폭격을 받아 길가에 있던 집들은 모두 잿더미로 변했다. 그러니 어머니의 유품들이 남아 있을 리 있겠는가? 6.25사변 때문에 나는 어머니를 두 번 잃어버렸다. 어떻게 어머니를 꿈속에라도 볼 수 없을까 하고 그리워하며 살았다.

어느 날 밤 어머니는 꿈속에서 현몽하셨다. 아주 젊고 아름다운 어머니이셨다. 그 때부터 젊고 아름다운 어머니를 마음에 간직하게 되었다. 그 때부터 자애롭고 인자하면서도 품위 있는 젊은 미인 어머니이신 것이다. 나이가 들어 결혼하고 아이를 출산하고 어머니를 그리워하다 어머니가 되었다. 내 마음속에 어머니를 꼭꼭 간직하고 강한 아내로서, 어머니로서 이제까지 충실하게 살아왔다.

어머니 없는 삶을 내 아이들에게 주지 말자고 굳게굳게 마음으로 다짐을 하면서 내 아이들의 어머니로서 부족함이 없도록 열심히 살아왔다. 30대 초반인 내 딸은 어머니의 무엇을 간직하고 있을까?

어머니를 잃고 클수록 커지는 사랑을 내 마음에 채울 수 없어서

불행한 날들을 잠시 기억해 보았다. 여자는 어려서는 어머니의 품 안에 안기어 자라고, 커서는 어머니를 받들어 모시면서 한 가지로 늙는 것인데, 이 세상에는 다시 구할 수 없는 큰 행복을 잃어버린 채 늙어버렸다. 어머니라 하는 이, 아름답고 사랑스러운 여인이 없었다면, 이 세상은 어떻게 되었을까.

어머니는 죽어서도 위대하다. 세상에 고향이라 부를 만한 것이 있다면 새로 태어난 생명에게 사랑을 주고 자식의 잘못까지 사랑하는 어머니야 말로 진정한 고향이 아닐까 생각한다. 어머니는 참으로 위대하다. 같은 하늘 아래서 아이들과 숨을 쉴 수 있고 모든 것을 줄 수 있는 어머니가 된 것을 밤하늘의 별들만큼이나 뿌듯하게 생각한다.

4월 어느 날

4월 어느 날, 갑자기 정 시인이 찾아와서 하루의 여행을 떠나자고 하여 남편과 나는 예고 없는 여행을 따라 나섰다. 오랜만에 나들이다. 차안에서 내다보니 상상할 수 없는 여린 연두빛깔들. 각기 맞는 옷들을 입고 생기 있어 보였다. 산과 들에는 모락모락 피어오르는 뭉게구름처럼 줄을 지어 아름다운 모습, 정말 시선을 돌릴 수가 없다. 눈이 너무 시원하지만, 계속보고 가자니 그 시원함도 피로해진다.

정 시인은 기독교 신자고, 나는 불교신자여서 서로의 신앙에 대하여 토론도 하고 인생과 삶에 대하여 이야기를 나누었다. 공주 마곡사 입구에 당도했다. 마곡사는 유서 깊은 성지라 수많은 사람들이 모여드는 사찰이다. 젊은 연인들, 신부, 수녀, 불자, 기독교인, 남녀노소 할 것 없이 수많은 인파 속에 물결처럼 밀려가고 있다. 성지로 여행을 온 것인지 부처님을 알현하러 온 것인지, 그냥 막연히 온 것인지 여러 형태로 하루를 즐기고 가는 것일까?

나는 10년 전에 딸과 함께 이곳을 다녀간 적이 있다. 십년이 넘어서 다시 본 마곡사는 예전과 다름없이 그 형태 그대로였다. 옆에 건물이 크게 한 채 들어서서 그것이 변했다고나 할까? 본진은 세월이 지나도 그 형태 그대로 단청도 하지 않고 그 모습이 그대로 세월의 흔적이 묻어 있어 오히려 신성해 보였다.

절 입구에 작은 소나무는, 남편에 의하면, 오십년 전이나 지금이나 같은 키, 같은 모습이라고 한다. 크지도 늙지도 않는 그것이 바로 신비경이 아닐까 여겨졌다. 마곡사의 맑은 햇살, 아름다운 꽃들, 바람을 타고 온 봄의 향기가 내 마음에 가득 채워지고 있으니 하루가 너무 행복한 것 같았다.

대웅전은 석가모니불을 모신 궁전이다. 상단의 석가모니부처님, 아미타불부처님, 약사여래부처님께 예를 올렸다. 이 세 분은 왜 눈을 감았을까? 석가모니부처님께 귀의하면 성불, 자신의 인격완성, 왕생과 극락, 밝은 지혜의 성취. 아미타불부처님께 귀의하면 성불, 서원과 왕생극락 성취. 약사여래부처님께 귀의하면 병고의 완쾌, 건강, 수명장수, 소원성취를 이룰 수 있으니 그 이상 더 무엇을 바라겠는가.

부처님의 진리에 귀의할 일이다. 부처님은 중생들의 스스로 깨달음을 얻게 하기 위해 눈을 감고 계신 것일까? 여러 법당에 예를 올리고 나서 4월초파일 등을 접수하고 경내를 돌아보았다. 그리고 나는 먼저 간 빈이의 명복을 빌고, 빈이가 머물고 있던 사찰에 항상 아쉬움이 남아 있어 늘 가보고 싶었지만 그러하지 못한 나를 꾸짖어야만 했다.

빈아, 이제 고희를 넘어 나는 빈이의 곁에 가까이 와 있다. 너를 항상 가슴에 묻고 세월과 함께 여기까지 걸어왔다. 나는 다시 담담한 마음으로 돌아오는데, 점심때가 지나서 세 사람은 시장기를 느꼈다. 음식점에 들어가 식사를 했다. 표고부침과 버섯전골을 시켜 먹었다. 시장이 반찬이라 하더니, 맛있는 점심식사였다.

정 시인이 점심을 대접했다. 남편이 정 시인에게 민속주 두병을 선물했다. 오고 가는 정일 것이다. 오후 다섯 시에 아쉬움을 남기고 아름다운 산천을 감상하며 무사히 집에 귀가했다.

삼사 성지순례

삼사성지순례란 재앙이 없는 윤달에 하루 세 곳을 다니면서 사찰을 참배해 부처님과의 인연을 두텁게 하고, 사찰 세 곳을 찾아 액운을 소멸하고 극락왕생을 기원하며, 탐 · 진 · 치, 삼독을 없애는 수행과 자신을 돌보고 더욱 정진하는 발심을 해야 하는 것이 삼사성지순례다.

6월 26일 버들 육거리에서 관광차 아홉 대가 각원사 신도를 싣고 8시에 삼사순례를 떠났다. 차창을 내다보니 산천초목이 초록빛깔로 새 옷을 입고 나무들은 서로가 속삭이며 바람에 춤을 추고 있었다. 내 마음과 눈을 시원하게 해주는 초록빛깔에 시선을 떼지 못하고 상상의 세계로 구름을 타고 가고 있었다.

경상북도 의성 비봉산 대곡사에 11시경에 도착했다. 이 사찰은 대한불교 조계종 제16교구 본사 고운말사다. (대웅전 1982년 경상북도 문화제 자료 제100호로 지정됨) 이 사찰은 공기 좋고 우거진 나무들 공해 없는 아담한 사찰이다. 산사의 바람소리와 새소리, 이 사찰은 고려 공민왕 17년(1368년)에 왕사인 지공선사와 나옹선사가 창건했다고 전해지나, 1960년 대곡사 탑, 밭에 출토되어 통일신라시대의 보살상을 볼 때 그 이전 창건되었다고 추정된다. 창건은 통일신라 말 또는 고려시대 초 무렵으로 보아야 한다. 이곳 태봉에 올라서 주위를 돌아보았더니 백리나 되는 긴 계곡이 보인다. 그래서 대곡사로 절 이름을 지었다고 한다. 세월의 흔적이 보인다. 경내를 돌아보고 부처님을 알현하고 가족의 업장소멸과 선업을 쌓는 기원을 했다.

다시 경상북도 영주 흑석에 1시경에 도착을 했다. 흑석사 주차장은 깨끗하고 넓었다. 거기서 점심 공양을 하고 절에 올라갔다. 흑석사는 대한불교조계종 제16교구 본사 고운사의 말사다.(극락전목조, 아미타불좌상 국보 제282호로 지정됨. 석조여래좌상 보물 제681호로 지정됨.)

이 사찰은 마을의 이름을 흑석이라 부른데서 비롯된다고 한다. 그래서 흑석사라 한다. 1945년 초암사에 머물던 상호스님이 초암사의 목재를 옮겨 중창을 했다고 한다. 경내를 돌아보며 참배를 하고, 부처님을 알현했다. 마애삼존불에 올라가 참배를 했다. 마애삼존불 왼쪽에는 산신과 호랑이의 소조상을 모셨고, 오른쪽에는 칠석을 모셨다. 참배를 하고 내려와 다시 차를 타고 경상북도로 달려갔다.

경상북도 문경 윤달산 김룡사에 4시경에 도착했다. 대한불교조계종 제8교구 본사 직지사의 말사다. (대웅전 경북문화제로 제235호로 지정됨.) 김룡사 주변 산꼭대기를 가득 메운 푸른 소나무와 태고림은 신라 진평왕 10년(588년) 윤달조사가 창건하여 1400년의 불맥을 이어온 김룡사의 역사만큼이나 깊고 깊어 멀리서 바라만 봐도 가슴을 홍건히 적셔내는 특이한 아름다움을 간직하고 있다. 부처님을 알현하고 경내를 돌아다니며 참배를 했다. 김룡사는 세월의 흔적이 남아 있었고, 해우소는 옛날을 말하고 있다.

나는 부처님의 참뜻을 가슴에 가득 담고 내가 소망하는 것이 이루어지기를 바라며 마음을 정리해본다. 사찰 세 곳을 다 돌아보고 깊고 깊은 산과 들 공해 없는 적막한 사찰, 산으로 둘러싸인 나무들, 바람소리와 풍경소리, 아름다움을 무어라 말 할 수가 없다. 인적이 드문 산사의 풍경소리가 동화 속의 한 장면 같다.

그러나 사찰도 이제는 현실에 맞추어 개혁을 해야 한다. 사찰은 도시로 나와야 한다. 불자들이 알기 쉽고, 뜻을 알 수 있게 경전을 우리말로 해야 한다. 스님들의 승복은 간편하고 현실적이어야 한다. 이런저런 생각에 잠겨 어느덧 천안에 도착했으며 오늘 하루 아무 일 없고 무사히 삼사성지순례를 마치고 각자 귀가했다.

생일날

5월 2일은 76번째 생일이다. 아들의 가족과 우리 부부는 하루의 여행길을 나섰다. 전라남도 고창 선운사에 가기로 했다. 아침 일찍 떠나서 한가한 길을 가고 있었다. 내가 태어난 계절은 아름다운 계절이다. 만물이 소생하는 봄, 고귀한 생명들이 고개를 들어 세상을 바라본다. 아름다운 풍경, 풍성한 봄은 사람들의 마음 속으로 들어와 봄 속으로 나들이를 나가게 한다.

어느덧 선운사에 도착했다. 선운사에 들어가 경내를 돌아보고 참배를 했다. 가족의 초파일 등을 달고 가족의 건강과 소망을 빌며 경내를 돌아보았다. 선운사에 동백꽃이 유명한데 봄 날씨 때문에 동백꽃 나무는 초라한 모습으로 있어 사람들의 시선을 피하고 있다. 이 봄에 동백꽃은 피우지도 못한 채, 봉오리와 꽃의 아름다운 꿈을 이루지도 못한 채 안타까운 모습이었다.

선운사는 역사가 오래된 고찰이다. 선운사에도 오후가 지나니 많은 여행객들이 몰리고 있었다. 경내를 다시 나와 여기 오는 사람들은 누구나 장어백반을 먹어야 했다. 점심을 장어로 먹고 다시 쉬다가 경내를 따라 청보리 축제를 하는 곳을 가 보았다. 32만평의 청보리 밭이었다. 보리밭을 돌아보기 위하여 며느리와 우리 부부는 꽃마차를 타고 돌아보았다. 아들과 손녀, 손자는 냄새 때문에 타지 않았다.

다실 길을 떠나 고창에서 복분자를 한 상자 구입했다. 봄날이라 하루의 시간은 길며 서산에 해 하나 매달려 있으며 무사히 천안에 귀가했다. 아들 부부에게 저녁까지 대접을 받고 하루의 여행을 무사히 마치고 귀가했다. 다시 가족과 하루의 여행을 갈 수 있을까? 마지막일까? 항상 이런 마음으로 사는 것이 인생이다.

10월의 가을날

10월의 가을. 청명한 하늘 화창한 날에 아들, 딸, 우리 부부가 함께 나들이를 떠났다. 목적지는 속리산이다. 들에는 어느덧 황금빛으로 단장을 하고 저마다 미소를 지으며 사람들의 시선을 모으고 있다.

오랜만에 온 가족의 나들이에 나는 행복한 마음으로 가을 향기와 풍경을 가슴에 담고 마음이 확~ 터지는 것 같다. 드높은 푸른 하늘은 가을풍경을 연상하게 한다. 무엇이든지 그릴 수 있는 뭉게구름과 동행하면서 세상을 다 그리고 구름 따라 날아가고 싶다.

인생은 누구나 한번쯤은 삶의 속에서 모든 것을 다 버리고 싶은 마음을 가질 것이다. 그러나 버려지지 않는 인연들을 가슴에 안고 갈 것이다. 차에서 내려 인파속에 행보하기 좋은 날. 가족과 함께 목적지에 도착했다.

법주사 사찰, 신라시대의 고찰이다. 법주사에 들어서서 웅장한 미래미륵보살님을 알현하였다. 부처님은 자비로 온 중생을 감싸주며, 미소로 중생들을 맞아준다. 가족과 경내를 다 돌아보고 다시 온 길을 걸어가며, 세 살 난 손자 재롱 때문에 온 가족이 웃음꽃을 피우며 식당에 도착하여 점심 식사를 했다.

잠시 쉬다가 피곤한 몸으로 다시 차를 타고 달리는 차창 속에서 가을의 향기에 취해본다. 서산에 아직 해 하나 매달려 있어 우리는 독립기념관에 다녀가기로 하였다. 독립기념관에 도착했다. 경내에서 코끼리기차를 타고 기념관 앞에서 내려 잠시 쉬다가 내부를 돌아보니 곱고 아름다운 나무들이 잘 정돈되어 있었다. 내가 와서 본 그 시절과는 많은 변화가 있었다.

우리는 피로를 풀고 다시 걸어 나와 긴 하루의 가족과 함께한 나들이를 마치고 무사히 귀가했다.

길

1935년생. 나는 구성동에서 낭중공파 청주 이씨 33대로 태어나 그곳에서 성장했다. 부친은 32대 이용찬, 모친은 파평 윤씨 윤공득, 장녀로 태어나 성장을 했다. 그 곳은 마을을 관통하는 신작로가 있었고, 그 길은 경부간 국도이며 이 길을 거쳐야 어디든 갈 수가 있는 중요한 국도였다.

일제 36년간 일본 사람들의 길이 되었고, 우리 민족은 서러움과 압제에 시달렸던 역사가 깊은 큰 길이었다. 6.25사변이 나자 우리 가족은 가까운 성남으로 피난을 갔다. 6.25때 수많은 탱크와 군용차들이 이 길을 따라 지나갔고 인민군들이 활보하여, 그 때 그 시절에는 사람들이 다 미쳐버렸고 빨갱이 세상으로 변하였다.

그래서 미군 비행기가 폭격을 하여 천안에서 우리 동네가 제일 먼저 잿더미가 되어버렸다. 동네 사람들은 다 알거지가 되었으며 천안에서 가장 큰 피해를 입었다. 우리 가족은 큰 상처를 입었다. 모녀가 다리를 다쳤다. 나는 비행기 소리만 들으면 무섭고 두려워서 한 번도 천안을 가지 못했다. 매년 6월 25일이면 어김없이 다리가 아프고 그 때를 연상케 한다. 6.25가 준 큰 선물을 간직하고 나는 길을 걷고 있다.

그 때에 인천 상륙작전에 성공하여 연합군이 낙동강에서부터 올라와 인민군들이 북으로 후퇴하게 되었다. 나는 십대에 두 번이나 죽음을 당할 뻔 했다. 천안 삼거리는 지금도 변함없는 그 때 그 자리를 지키고 능수버들 가지는 옥색치마 갈아입고 하늘거리며 나의 눈길을 멈추게 한다. 마지막으로 일사후퇴가 지났고, 1980년부터 산업도로, 고속도로, 전국적으로 확장되어 확 뚫린 수많은 도로가 화장이 잘 된 얼굴처럼 포장되어 있다.

그런 역사를 가진 구성동 길, 지금은 아주 도시의 뒷길이 되어 있다. 나의 길은 어떻게 된 것인가? 내가 살아가는 동안 많은 굴곡과 시련을 안고 살아왔다. 나는 어느 사찰에 인연이 되어 다니게 되었고 항상 스님이 보여준 불도의 길은 내 가슴에 참된 삶의 뜻을 잔잔히 일깨워 주고 있었다.

나는 어둠이 되는 그믐달은 사라지는 것이 아니라 다시 태어날 준비를 하는 삶의 생체이며 나에게 아직도 초승달은 생명을 불어넣어주는 따뜻한 봄바람으로 본다. 풀밭에서 속잎이 나고, 가지에 싹이 트고, 꽃이 피고 얼마나 아름다운가! 나에게 봄바람을 불어넣어 새 희망에 찬 초승달을 보며 나는 새벽 별빛을 머리에 이고 등산길을 가고 있다.

어버이날

5월 8일 어버이날이다. 딸이 와서 하루의 여행을 가자고 하며 우리 부부는 따라나섰다. 목적지는 서산 개심사이다. 날이 청명하고 가는 곳마다 꽃들이 미소 지으며 파란 나뭇잎은 눈의 피로를 풀어주고 있다. 봄은 고귀한 생명을 잉태하여 봄바람에 실려 온다. 나는 머리를 들어 세상을 바라본다. 모든 것이 아름답고 신선하다. 잎이 나고 꽃을 피우고 열매를 맺어 씨가 되고 매년 잊지 않고 다시 봄을 싣고 온다.

우리 부부는 앙상한 겨울나무일까? 헐벗은 가죽만 가지고 있는 것일까?

서산 가는 길에는 탐스러운 왕벚꽃들이 사람들의 시선을 모으고 있다. 참 고요하고 아름다운 풍경이며 왕벚꽃들은 요염한 자태로 사람의 시선을 모이게 한다. 개심사의 사찰 역사는 백제나 신라시대의 고찰이라고 한다. 법당 옆에 있는 요채는 느티나무로 지었다고 한다. 지금까지 아름다운 모습으로 사찰을 보전하고 있다.

개심사는 신속 깊숙이 있는 사찰이다 여행객이나 신도들이 적다. 그리고 여름 백일홍 나무가 인상적이다. 개심사는 아직도 개선되어야 할 것이 많이 있다. 가장 시급한 것은 해우소이다. 새소리와 물소리도 들리지 않는 적막한 개심사이다. 가끔 풍경소리만 들려온다.

빈이가 27년 전에 머물던 사찰이다. 나는 많은 생각 속에 상상을 해본다. 아무것도 보이지 않은 허공뿐이다. 보고 싶은 모습들, 만날 날이 얼마 남지 않았다. 가족의 연등을 달고 경내를 돌아보며 아픈 마음을 안고 다시 길을 떠났다. 개심사 장터에서 고사리와 취나물을 구입했다.

다시 길을 떠나 예산 수덕사입구에 도착했다. 점심시간이 지나 우선 식사부터 하기로 했다. 점심은 산채정식으로 먹었다. 다시 수덕사 절을 들어갔다. 백제와 신라시대에 수덕사를 건축한 것이라 한다. 본채는 그 시절의 건축으로 보전되어 있다. 새로 건축한 것은 박물관, 미술관이 크고 잘 정돈되어 있다. 새로 일주문이 건축되었다. 기둥의 둘레는 몇 천 년이 된 목재이다.

이 사찰은 불자와 관광객들의 많은 인파로 붐볐다. 상가도 옛날 모습이 없고 다시 건물을 지어 깨끗한 수덕사 입구였다. 우리는 다시 집으로 달려가며 상쾌한 하루의 여행을 무사히 마치고 귀가했다. 딸과 하루의 추억을 만들고 부모님께 효도한 것을 감사하게 생각한다.

동행

병신년 2016년 8월 17일 안경공파 김해 김씨 71대손이며, 84세, 그이는 미시(未時) 구름 한 점 없이 청명한 날에 아름다운 초대에 학 같이 살다가 미수를 넘기지 못하고 다시는 오지 못할 먼 여행을 떠났습니다. 아침식사, 점심식사 잘 드시고, 깨끗이 떠나기 위하여 버릴 것 다 버리시고 친구 집에 마실 가듯 가셨습니다.

이별 인사도 못하고 떠났습니다. 그 때 그 상황은 잊지 못할 그 시간들. 꿈같은 시간들이었습니다. 지금도 돌아오실 것 같아 기다리고 있습니다. 잘해준 것보다 못해준 것이 많은 것 같아 마음속으로 울고 또 울고 있습니다. 허공을 바라보며 미안합니다. 죄송합니다. 항상 외치고 있습니다.

단란했던 둥지 속에서 사랑의 꽃을 피우며 부부의 때 묻은 생활의 공간과 삶의 무게처럼 동반자와 동행하면서 그 60년이란 긴 세월을 삼키고 한순간 쓸쓸이 돌아서는 낮달처럼 세상이 무서워졌습니다. 인생에 제일 아픈 병은 사별의 애통과 죽음의 공포라고 생각합니다. 인간은 태아로 생겨난 순간부터 목숨만이 아니라 죽음이 생명과 손을 잡과 언제 어디고 항상 어깨동무하며 나란히 동행합니다.

당신의 마지막 유골함을 안고 돌아오는데 온몸이 당신의 세계로 돌아가는 것 같았습니다. 절에 오니 그때서야 정신이 들었습니다. 각원사에 모시고 49제를 지내고 산에 모셨습니다. 각원사에 평생 위패를 모셨습니다. 이제는 무거운 인생의 짐, 삶을 다 내려

놓고 양지바른 곳에 편안히 계시기를 바랍니다.

절에 갈 적마다 날이 추우면 얼마나 추울까 눈물이 앞을 가려서 마음속으로 울고 있습니다. 부처님께서 반갑게 맞아주는 초대에 눈물 방울만한 영혼 하나가 왜 쉴 곳이 없겠습니까? 부처님 옆에 분명히 계실 곳이 있을 것입니다.

당신 없는 이 집안은 아직도 슬픈 나날을 보내고 있습니다. 집안이 어떻게 돌아가는지 알 수도 없고 슬픔에 젖어 있습니다. 서둘러 가신 곳에서 먼저 간 삼총사 교수님들과 친구들, 김해 김씨의 대를 이은 조상님들과 상면하셔서 오랜 회포를 푸시리라 믿습니다.

이 봄에 우리 집 정원에서 속잎이 나고, 가지에 싹이 트고, 꽃이 피고 아름다운 그곳에서 당신의 기억을 가슴에 담아 그려 봅니다.

인생의 추억은 구름 따라 가고 인생이란 슬픔보다 기쁨이 많은 것이며 밤 구름은 새롭게 태어나 아침에 빛이 나지요. 밤하늘 속에서 향긋한 냄새, 정다운 목소리, 따뜻한 미소, 정말로 보고 싶습니다. 아침 이슬 속에 담긴 영롱한 빛을 받지 못하고, 나 홀로 세상에 남겨놓고 먼 곳으로 떠나가셨습니다.

이제는 양지바른 산등성이에 바람처럼 서서 할미꽃이 되어가고 있습니다. 앞으로 얼마나 살지 모르지만, 당신 곁으로 갈 시간이, 얼마 남지 않은 시간이 흘러가고 있습니다. 사랑합니다.

2018년 4월의 마곡사

딸과 아침에 목욕을 다녀와, 하루 마곡사에 다녀오기로 했습니다. 거리마다 꽃이 활짝 피어 웃음꽃을 피우고 맑은 공기 속에, 차 안에서 모녀는 이야기꽃을 피우며 어느덧 마곡사 입구에 도착했습니다.

몇 년 전에는 걸어서 갔는데 지금은 절 입구에 주차장이 있어 편히 당도했습니다. 풍성함을 느껴봅니다. 부처님 오신 날을 위하여 각 정각마다 등을 달았습니다. 어둠 속에서 중생들이 '밝은 빛을 온 세계에서 보게 하소서.' 하고 기도를 하였습니다.

나는 건강이 허락지 못하여 몇 군데만 다니며 참배를 했습니다. 딸은 법당에 들어가서 부처님을 알현하고 참배를 하고 나왔습니다. 몇 년 전에 갈 때나 지금도 절 입구에 작은 소나무 한그루는 그분에 의하면 오십년 전이나 지금이나 같은 키, 같은 모습이라고 합니다. 크지도 늙지도 않는 것이 바로 신비경이 아닐까 합니다. 이 말도 그분의 옛날이지요. 마곡사에 부처님 오신 날 가족 등을 달고, 딸과 커피 한 잔씩을 마셨습니다.

마곡사의 맑은 공기와 향기, 가슴에 담고 사방을 바라보면서, '이곳은 그대로인데' '그분과 이곳을 같이 걸어 다녔는데', 지금은 길 잃은 할미꽃이 되었습니다. 이것도 옛날이 되어 추억으로 흘러갑니다.

지금도 항상 그분과 함께 어깨를 나란히 하고 걸어가고 있습니다. 보이지도 않고 말씀이 없고 그분의 그림자는 사뿐사뿐이 걸으며 빈 자국만 남기고 그 속에서 송이송이 꽃들이 피어오르고, 하얀 미소를 짓고 있습니다.

항상 사진을 보고 대화를 하지요. 빈자리가 이렇게 클 줄 몰랐습니다. 내가 눈을 감으면 다 옛날로 돌아올까요? 그 분의 빈자리에 앉아 고독을 못 이겨 그 분의 시를 외우고 또 외우고 해도 채울 수가 없습니다. 언제든지 오실 것만 같아 기다리는 마음은 언제나 같습니다.

지난 시간들은 너무 짧고, 지금은 긴 세월이 가고 있습니다. 지금도 그분과 동행을 하며, 보고 싶고…. 사랑합니다.

주차장에 가는 길에 찻집이 있어 딸에게 들어가서 이름을 대고 물어보라고 했습니다. 찻집을 운영하는 생질 부부가 있다고 하여 오랜만에 상봉을 하였습니다. 서로의 안부를 묻고 반가워서 이야기꽃을 피웠습니다. 시간이 늦어 돌아가는데 생질 부부가 용돈을 주었는데, 사양을 하고 받지 않으려 했는데 결국 받았습니다. 내가 어느새 세월과 같이 여기까지 걸어왔네요. 참 오래 살았습니다.

내가 어느새 용돈을 받는 할미꽃이 되어가고 있다는 것을 새삼 느꼈습니다. 무사히 집에 와 저녁식사를 하고 딸과 하루의 추억을 만들었습니다. 딸이 있어 고맙고, 내가 사는 동안 마지막 시간들일지도 모릅니다. 저녁에 딸은 보령으로 귀가했습니다. 내 모습과 다시 내년 봄을 맞이할 수 있을까요?

〈 작품해설 〉

운명적 상실감과 치명적 그리움

— 이진학 1시집의 작품을 감상하며

문학평론가 **리 헌 석**
월간 『충청예술문화』 발행인

1. 속울음이 더 슬픕니다

이진학 시인은 1935년에 충청남도 천안시 구성동에서 출생하고 자랍니다. 시인의 조부께서는 이름만 대도 알 만한 천안의 기업인이었다고 회상합니다. 그러나 일제 강점기의 수탈, 6.25 남침에 의한 피난살이, 피난에서 귀가해 본 마을 파괴의 현장 등을 경험하며, 여러 환난 속에서 성장합니다.

그 가운데에서 가장 절실한 슬픔은 7살에 겪은 '어머니의 소천'일 터입니다. 수필 「어머니」에서 시인은 어머니를 이렇게 회상합니다. 〈어머니란 이 세 글자를 가슴에 묻고 보통 사람과 다른 삶을 살아왔다. 이제 백발을 머리에 이고 굳게 닫힌 내 마음을 열어서 어머니를 기억해 보려고 하니 새삼 그리움이 앞을 가린다.〉 시인은 백발이 되어 어머니를 기억하려고 하지만, 가족들의 전언(傳

言)에만 의지해야 합니다. 〈나는 일곱 살에 어머니를 여의었기에 어머니에 관한 기억이 그리 많지 않다. 다만 가까운 친척들이 들려 준 어머니에 관한 이야기들을 모두 다 내 기억으로 착각하면서 살아야 했〉다고 밝힙니다.

시인은 소천하신 어머니, 상여 속에 누우신 것을 알고서야 죽음이 실감나서 뒹굴고 울었다고 추억합니다. 그 아픔의 선상에서 시인은 〈그 때부터 나는 밤이 무섭고 어머니가 그리워서 멍하니 서 있는 버릇이 생겼다. 할머니는 그런 내가 불쌍해서 데려다 달래주시곤 하셨다.〉면서 가정의 화목을 위하여 착한 딸 노릇을 하느라 〈아무에게도 절대로 눈물을 보이지 않았다.〉고 고백합니다. 시인은 〈밤이면 별을 보고 어머니를 그려보며 가슴에 눈물을 담고 살았다. 밤하늘 속에서 어머니의 향긋한 냄새, 정다운 목소리, 따뜻한 미소 등 그리운 어머니를 찾아서 마음에 간직했다.〉고 서술하고 있으며, 이를 통하여 시인이 속울음으로 지샌 세월을 유추할 수 있습니다.

해마다 대보름달 속에는
어머니가 계시네.
임진년 대보름달 속에도
어머니 얼굴이 계셨었네.
왜 눈을 감고 계실까?
민망해서 나도 눈을 감고
빌고 빌었네.
내년 대보름달 속에는
어머니의 웃는 얼굴이
보고 싶다고 빌고 빌었네.
대보름달 속에는 어머니가 계시네.

사진 한 장 없는
어머니의 얼굴,
내 사진을 꺼내보고 만나는
어머니의 얼굴.

—「대보름달」 전문

다른 사람에게 절대로 눈물을 보이지 않으려 했다는 시인, 그 당찬 자세가 작품에 투영되어 나타납니다. 어머니에 대한 절절한 그리움을 노래하는 작품이지만, 시인은 슬퍼도 겉으로 표현하지 않는 '애이불비(哀而不悲)'의 평정심을 유지합니다. 다른 작품 「봄」에서 시인은 〈고개를 들어/ 하늘을 보고 싶은 날/ 봄같이 사시다가 / 봄같이 떠나신 어머니/ 품에 맴돌던 향기가/ 나를 감싸 안네요.〉라고 묘사한다. 이러한 표현을 통하여 어머니에 대한 넘치는 그리움을 '품에 맴돌던 향기'라고 절묘하게 형상화합니다.

햇살 퍼지는 소리 들립니다.
새 생명의 웃음소리 가득합니다.
당신의 포근한 입김에
고개를 들어 하늘을 봅니다.
해맑은 미소로
꽃망울을 터뜨리는 한 그루 목련
그 도도한 자태가 부럽습니다.
어머니 생각이 납니다.
그러나 그것도 잠시
봄바람에 실려 날아가 버립니다.

—「목련」 전문

이진학 시인의 뜰에는 여러 꽃나무들이 가족처럼 모여 살고 있습니다. 그 가운데 눈에 띄게 봄을 마중 나온 꽃나무가 '목련'입니다. 그 목련꽃을 보면서 언뜻 어머니가 떠오릅니다. 그러나 어머니에 대한 회상은 그리 오래 가지 않습니다. 그리하여 시인은 〈그것도 잠시/ 봄바람에 실려 날아가 버립니다.〉라고 아쉬워합니다.

참을 수 없이 아팠던 그리움도 세월에 따라 향기로 현신할 수 있고, 바람에 실려갈 수 있음을 이진학 시인의 시를 감상하며 공유합니다. 이러한 과정은 수필에 잘 나타나 있습니다. 〈어느 날 밤 어머니는 꿈속에서 현몽하셨다. 아주 젊고 아름다운 어머니이셨다. 그 때부터 젊고 아름다운 어머니를 마음에 간직하게 되었다. 그 때부터 자애롭고 인자하면서도 품위 있는 젊은 미인 어머니이신 것이다. 나이가 들어 결혼하고 아이를 출산하고 어머니를 그리워하다 어머니가 되었다. 내 마음속에 어머니를 꼭꼭 간직하고 강한 아내로서, 어머니로서 이제까지 충실하게 살아왔다.〉고 밝힙니다. 어머니가 소천하셨을 연세보다 더 오래 살아온 시인이지만, 시인의 내면에는 소천하시던 그 당시 연세의 젊은 어머니가 구체화되어 내면화를 이룹니다.

2. 그래도 꽃은 핍니다

어머니에 대한 아픔과 그리움은 가족에 대한 사랑, 그리고 현실생활에 의하여 어느 정도 가라앉게 마련입니다. 속까지 깨끗이 지워질 수는 없지만, 살아 있는 사람들은 슬픔을 잠시잠깐 잊고 살아가게 마련입니다. 어머니를 대신하여 돌보아주셨던 할머니, 그리고 아련한 눈빛으로 안아준 고모 생각이 나면, 잠시 아픔을 내려놓을 수 있습니다.

아카시아 숲길을 걸어갑니다.
내 어릴 때, 시골
고모님 모시적삼 그 앞섶에
맴돌던 향기 그윽합니다.
아련합니다.
반백 고개를 넘어서서
모시적삼 차려입고
고무신 신고
아카시아 숲길을 걸어가면
고모님 마중 나와 계실 것 같아
마음이 급해집니다.
고모님 모시적삼 그 앞섶에
맴돌던 아카시아 향기
그리워 그리워서
아카시아 숲길을 걸어갑니다.

—「아카시아 숲길」 전문

이 작품은 독자들에게 선명한 이미지로 그림이야기를 만들게 합니다. 어린 시절의 시인은 고모의 품을 파고들며 어머니를 대신하였을 터입니다. 아카시아 숲길을 걷던 소녀가 고모에게 달려와 와락 껴안습니다. 그때 고모의 모시적삼 앞섶에 맴돌던 향기를 만납니다. 어머니의 품은 아니지만, 아마도 어머니의 향기로 기능하였을 터입니다. 그래서 반백이 넘은 시인이 모시적삼을 차려입고, 고모처럼 고무신을 신고, 아카시아 숲길을 걸어갑니다. 그 길 어디에선가 고모님이 마중 나와 있을 것 같은 소녀다운 감상이 오롯한 작품입니다.

한편 시인은 직장 생활을 하던 중, 가족의 권면으로 김명배 시인을 만나 결혼하게 됩니다. 시댁 역시 엄격한 가부장적이었던 듯

합니다. 그래도 사랑하는 사람과 결혼을 하여 행복하게 살아가게 되고, 시부모님들께서 소천한 후에도 단란한 가정을 이루고 삽니다. 그런 가운데에서도 문득 시부모님들이 떠올라 목이 메는 상황을 시로 빚습니다.

> 재래시장에 가서 서해바다 소금물과 산마을 바람을 사가지고, 참조기 두어 마리, 고사리, 쑥갓, 미나리 그리고 조선사람 인정까지 시장바구니에 가득 담아 가지고 와서 마늘, 생강, 짠맛, 매운맛, 단맛, 시어머니 손맛까지 곁들여 매운탕을 끓인다. 가끔 아주 가끔이지만 오늘 같은 날 아버님 기침소리와 어머님 미소가 선하다. 식탁 위에 조기 매운탕을 올려놓고 울컥 어머님 아버님 생각이 나서 그이와 나는 숟가락을 못 대고 식사를 마친다.
>
> 사는 게 무언지 육십이 넘어서부터
> 나는
> 먼 산을 바라보는 시간이 많아진다.
>
> —「조기 매운탕」 전문

이 작품은 내용의 윤리적 품격도 분명하고, 실증적 예를 여럿 들어 진실성을 담보하고 있습니다. 그러면서, 표현의 절묘한 멋이 살아나서 감동을 생성(生成)하는 작품입니다. 〈재래시장에 가서 서해바다 소금물과 산마을 바람을 사가지고〉 〈조선사람 인정까지 시장바구니에 가득 담아 가지고〉 돌아가신 〈시어머니 손맛까지 곁들여〉 매운탕을 끓인다는 표현이 맛깔스럽습니다. 이렇게 잘 차려서 식사를 할 때면 〈아버님 기침소리와 어머님 미소가 선하다〉는 데에 이르러 연상의 폭을 넓힙니다. 1연 산문 형태의 말미에서 〈울컥 어머님 아버님 생각이 나서 그이와 나는 숟가락을 못 대고 식사를 마친다.〉에 이르러 어르신에 대한 존경심, 생활 속에서 비롯되는 윤리적 진실을 확인하게 됩니다.

이러한 존경과 사랑, 그리고 끝없는 그리움으로 행복한 가정을 이루었기에, 봄날에 손녀와 나들이를 하며 느끼는 오롯한 행복을 작품 속에 담습니다.

양지쪽에 앉아 있으면
눈이 감기는 봄날
손녀의 손을 잡고
길을 나섭니다.
반백이 쑥스러워
꽃집 앞에서 망설이다가
후리지아 꽃 한 다발 사서
가슴에 안고
환하게 웃어봅니다.
넉넉해지는 마음
손녀와 함께, 나도
후리지아 꽃처럼
노오란 봄이 됩니다.

—「봄날」 전문

반백의 할머니와 어린 손녀의 나들이 모습이 눈에 보일 정도로 정겹습니다. 노란 후리지아꽃 한 다발을 안고 있는 할머니와 손녀의 모습이 참으로 아름답습니다. 이런 정서를 가진 시인에게 세상은 너무 힘들게 시험한 것 같습니다. 그래도 시인은 추억과 기다림이 있어 삶의 활력을 찾습니다. 「사월 안개」에서 시인은 〈산을 내려오는 소녀의/ 봄〉을 연상합니다. 〈진달래가 있는 풍경/ 고향의 미소〉를 살려냅니다. 또한 안개 속에서 '기차소리'를 찾아냅니다. 〈기찻길을 따라/ 도시로 떠나버린/ 소녀의 뒷모습〉도 그려냅니다. 그런 날 아침에 시인은 아름다운 '기다림'을 간직하고 있습니다.

3. 가슴에 묻습니다

슬픈 일을 만났을 때 서로 나누는 말이 있습니다. '부모님이 돌아가시면 땅에 묻고, 자녀가 죽으면 가슴에 묻는다.'는 말입니다. 부모가 돌아가시면 그 은혜로움이 하늘처럼 넓고 커서 도저히 갚을 수가 없다는 의미로 '호천망극(昊天罔極)'이라는 말을 씁니다. 또한 자식이 부모보다 먼저 죽으면 그 슬픔을 헤아릴 수 없이 크다는 의미, '참혹한 슬픔'이라는 뜻으로 '참척(慘慽)을 본다.'고 합니다. 모두 가눌 수 없는 슬픔일 터이고, 가슴에 담아두기 힘든 아픔일 터입니다.

이진학 시인에게 있어, 아들 '종빈'의 빈자리는 눈물로 대신할 수도 없습니다. 통곡으로 대신할 수도 없습니다. 도저히 참을 수도 없고 헤아릴 수도 없는 참척(慘慽)의 슬픔을 가슴에 안아야 했던 어머니, 그 모성(母性)의 그리움을 만납니다. 〈따뜻한 봄의 향기가/ 내 몸〉을 감싸지만, 〈얼어붙은 마음〉은 봄이 봄 같지 않습니다. 제비꽃 한 다발을 앞에 두고 녹차 한 잔을 마시지만, 허전한 옆자리는 어쩔 수 없습니다. 하늘에 흘러가는 구름에 외로움을 의탁합니다. 그런 작품이 「입춘」입니다.

얼어붙은 마음
저만치서 봄은 옵니다.
제비꽃 한 다발

창가에 두고
마시는 녹차 한 잔,
따뜻한 봄의 향기가
내 몸을 감쌉니다.
봄은 아직 저만치
옛날에 머물러 있지만, 나는
몇 고개 넘어서, 여기
여기까지 왔습니다.
올 봄 입춘은
옆자리가 허전합니다.
외로운 구름이
눈에 가득 찹니다.

—「입춘」 전문

이러한 내면은 선생의 수필 「긴 세월과 보이지 않는 그리움」에 자세히 형상화되어 있습니다. 〈나는 불행하게도 긴 세월동안 미처 피어보지도 못한 한 생명의 봉우리를 가슴에 묻고 살아오고 있습니다. 다시는 오지 못할 빈이를 먼 곳으로 떠나보내고 마음속으로 잡을 수 없는 세월 속에서 이러저러한 사랑의 자문자답을 해나가며, 그 모습을 그려보고 그리움을 안고 살아왔습니다. 끝내 보이지 않는 그리움과 무상에 못 이겨 웃음과 말을 잃어버린 적도 있습니다.〉라고 애통(哀痛)의 실상을 밝힙니다.

그리하여 시인은 '그리워하는 마음'에서 '살아야 할 의미'를 찾은 듯합니다. 〈계절이 바뀌거나, 이런 명절이 다가오면 아픈 상처가 더 없이 부풀어 오르고 가슴을 저미는 아픔, 떼어버릴 수 없는 모정을 못 이겨 지금까지 남모르는 병을 숨어서 앓고, 텅 빈 가슴에 채워지지 않는 마음…. 눈을 감고 난 다음에야 채울 수 있을지 모르겠습니다.〉 〈보이지도 않는 가슴에 그리움과 눈물을 담고 바람과 세월에 어우러져 나는 여기까지 걸어왔습니다.〉며 아들을 먼저 여읜 어머니의 아픈 가슴을 만나 그 정서를 공유하게 됩니다.

비탈에 해가 떨어지고
산사에 밤이 오다.
그이와 나는
돌아갈 곳이 없다.
인연을 엮어서 하룻밤
산속에 눕다.
어쩌자고 산새는 우는가?
밤새도록 그이와 나는
슬픈 짐승이 되다.

—「산사」 전문

이 시는 '빈이의 떠남'에 즈음한 절망적 상황을 그려낸 것 같습니다. 부부가 밤새도록 슬픈 짐승이 되어 울부짖을 일이란 것이 더 이상 없기 때문입니다. 시인은 수필 「2018년 4월의 마곡사」에서도 이와 유사한 내면을 그려내고 있습니다. 외동딸이 어머니를 모시고 마곡사에 도착합니다. 절 입구의 작은 소나무 한 그루에 시인의 시선이 머뭅니다. 〈몇 년 전에 갈 때나 지금도 절 입구에 작은 소나무 한그루는 그분에 의하면 오십년 전이나 지금이나 같은 키, 같은 모습이라고 합니다. 크지도 늙지도 않는 것이 바로 신비경이 아닐까 합니다. 이 말도 그분의 옛날이지요.〉 여기에서 '그분'은 생전의 남편 김명배 시인일 터입니다. 남편의 말을 인용하면서 그리움의 정서를 환기합니다. 시인은 〈지금도 항상 그분과 함께 어깨를 나란히 하고 걸어가고 있습니다.〉라는 느낌으로 세상을 바라봅니다.

이보다 앞선 10년 전에도 따님과 함께 마곡사를 찾은 일을 기록한 수필 「4월 어느 날」에서 〈먼저 간 빈이의 명복을 빌고, 빈이가 머물고 있던 사찰(개심사)에 항상 아쉬움이 남아 있어 늘 가보고 싶었지만 그러하지 못한 나를 꾸짖어야만 했다. 빈아 이제 고희를 넘어 나는 빈이의 곁에 가까이 와 있다. 너를 항상 가슴에 묻고 세월과 함께 여기까지 걸어왔다.〉고 머지않은 해후를 암시합니다.

이와 같은 슬픔을 가슴에 묻고 살아가는 시인에게 2016년 8월 17일에는 60년 동반자인 김명배 시인의 소천을 마주합니다. 돌아가시기 며칠 전에 쓴 시 「아름다운 초대」가 시인의 가슴을 울립니다. 〈저녁밥 잘 먹고/ 친구 집에 마실 가듯/ 갔으면 좋겠습니다./ 폐가 안 된다면/ 한 열흘쯤 뒤에 이웃에게/ 엽서나 보내면 어떨지 싶고/ 고맙습니다./ 반갑게 맞아주는 아름다운 초대/ 눈물방울만한 영혼 하나/ 거기 어디 쉴 곳 없겠습니까〉 김명배 시인의 결곡한 내면을 그려낸 작품이어서, 이진학 시인에게는 더욱 슬픈 작품으로 다가오는 것 같습니다.

> 소나무처럼 곧은 님이시여
> 푸른 솔잎처럼 살다 가신 님
> 시원한 바람 쐬려고, 그 한마디
> 아름다운 초대에 눈을 감으시고
> 반갑게 맞아주시는 부처님 초대에
> 먼 길을 떠났습니다.
> 수많은 별들 속에서 정다운 목소리
> 따뜻한 미소를 찾을 수 없습니다.
>
> —「님의 미소」 전문

이 작품의 내면을 그려낸 수필이 창작 노트를 대신합니다. 수필 「동행」에서 시인은 〈(김명배 시인은)구름 한 점 없이 청명한 날에, 아름다운 초대에 학 같이 살다가 미수를 넘기지 못하고 다시는 오지 못할 먼 여행을 떠났습니다. 아침식사, 점심식사 잘 드시고, 깨끗이 떠나기 위하여 버릴 것 다 버리시고 친구 집에 마실 가듯 가셨습니다. 이별 인사도 못하고 떠났습니다.〉 시적 진실을 이보다 더 생생하게 설명할 수는 없을 터입니다.

이어서 〈당신의 마지막 유골함을 안고 돌아오는데 온몸이 당신의 세계로 돌아가는 것 같았습니다. 절에 오니 그때서야 정신이 들었습니다. 각원사에 모시고, 49제를 지내고, 산에 모셨습니다. 각원사에 평생 위패를 모셨습니다. 이제는 무거운 인생의 짐, 삶을 다 내려놓고 양지바른 곳에 편안히 계시기를 바랍니다.〉 울먹이는 이 글에, 아내로서의 절실한 소망이 담겨 있습니다. 이러한 과정을 거쳐 시인은 삶을 다하는 날 다시 만나기를 약속하며 슬픔을 추스릅니다.

4. 시다운 시를 빚습니다

이진학 시인은 일곱 살에 어머니를 여의고, 아들을 먼저 멀리 보내고, 남편의 소천을 지켜보았기 때문에, 참으로 많은 이야기를 시로 빚을 수 있었을 터입니다. 그러나 남편의 소천 2주기를 맞아 〈첫 시집이자 마지막 시집〉을 시 40편으로 발간합니다. 세속의 눈으로 엄밀하게 말하면 선생을 시인이라고 부를 수는 없을지 모릅니다. 그렇지만, 시에 담긴 주제나 소재, 그리고 언어 표현의 단정함과 유려함이 시의 품격을 높이고 있어, 충분히 시인의 자격을 갖춘 분입니다.

평생 가정을 지키며 조신하게 살아온 분이 이처럼 문학성 높은 작품을 창작하여, 시창작의 높은 수준에 도달한 것은 참으로 놀랄 만한 일입니다. 작품 「석류나무」의 서두 〈우리 집 석류나무는/ 병풍 속의 산마을을/ 만들고 있습니다.〉라는 발상은 참으로 신선합니다. 새로우면서 걸리는 부분이 없다는 것은 시창작의 높은 경지에 이르렀다는 징표입니다. 중간의 묘사와 서술은 석류의 특성을 구체화하는데 부족함이 없습니다. 이어 결미(結尾)에서 〈비바람을 견디고 난 후에야/ 병풍 속의 산마을로 난/ 길이 보일 겁니다.〉로 맺은 것도 수미상관(首尾相關)의 절창일 터입니다.

이와 같이 표현의 멋이 자연스럽게 생성된 작품도 여럿입니다. 그 중에 한 편을 선택하여 감상하기로 합니다.

어머니 젖줄처럼
뻗어가는 박 넝쿨
박꽃은 환한 대낮에는
눈을 감아버리고
밤이면 보송보송한 얼굴로
눈을 뜹니다.
태초의 인연을 찾아서
뻗어가는 박 넝쿨
별자리에 안겨서
속살 희디 흰 꽃을 피웁니다.
수줍은 말씀을 피웁니다.

— 「박꽃」 전문

어느 한 단어, 한 구절도 어색하지 않게 아름다운 시를 빚습니다. 다시 읽어도 이러한 감흥은 변함이 없습니다. 〈어머니의 젖줄처럼/ 뻗어가는 박 넝쿨〉에서 직유와 활유의 멋을 만납니다. 〈박꽃은 환한 대낮에는/ 눈을 감아버리고/ 밤이면 보송보송한 얼굴로/ 눈을 뜹니다.〉에서 의인법과 묘사의 절묘한 결합을 만납니다. 〈태초의 인연을 찾아서/ 뻗어가는 박 넝쿨/ 별자리에 안겨서/ 속살 희디 흰 꽃을 피웁니다.〉에서 활유를 통한 생명의 신비를 만납니다. 그리고 마지막 행 〈수줍은 말씀을 피웁니다.〉는 그야말로 상징에 가까운 은유를 경험합니다. 단형의 시에 이와 같이 소박하면서도 감동적인 시를 빚을 수 있는 시인의 시정신에 놀랄 수 밖에 없습니다.

이러한 표현의 멋도 내면의 반영이어야 하고, 그 내면이 한 사람의 주관적 정서를 극복하여 일반화될 수 있어야 좋은 작품이 됩니다. 자신에 대한 성찰과 진실한 표현이 공감대의 영역을 넓히기 때문입니다.

어느덧 입추가 지나
가을이 성큼 소리 없이 다가옵니다.
풍성한 계절을 바라보며
아름다운 소리에 가을을 느껴봅니다.
산과 들에는 가을을 축복하며
저마다 맞는 옷들을 입고
나들이를 떠나고 있습니다.
계절은 내 마음을 휘어잡고
소리 없이 갑니다.
당신을 사랑합니다.
가족들에게 정말 미안합니다.
사랑합니다.

나는 허탈하게 웃으며
떠날 준비를 하고 있습니다.

—「가을」 전문

이 작품의 시적 진실은 14행 중에서 후반부 7행에 집중되어 있습니다. 그 중에서도 마지막 2행 〈나는 허탈하게 웃으며/ 떠날 준비를 하고 있습니다.〉에서 욕심 없는 경지, 허(虛)하고 정(靜)한 경지를 지향하는 시심(詩心)을 만날 수 있습니다. 순리대로 운행하는 자연처럼 나들이를 떠나고자 하는 발심(發心)이 허허롭습니다.

이진학 시인의 작품 40편을 감상하면서, 40편의 작품에 자신의 모든 것을 담아내는 역량, 그리고 돌아설 때를 알고 있는 사람의 아름다운 뒷모습, 욕심을 버리고 허정의 경지를 지향하는 발심에 경의를 표하며, 1시집에 수록된 작품 감상을 맺습니다.

보이지 않는 그리움

이진학 시집

발행일 2018년 8월 17일

지 은 이 | 이진학
발 행 인 | 李憲錫
발 행 처 | 오늘의문학사
출판등록 | 제55호(1993년 6월 23일)
주 소 | 대전광역시 동구 대전로867번길 52(한밭오피스텔 401호)
전화번호 | (042)624-2980
팩시밀리 | (042)628-2983
전자우편 | hs2980@hanmail.net
카 페 | cafe.daum.net/gljang(문학사랑 글짱들)
cafe.daum.net/art-i-ma(아트매거진)

공 급 처 | 한국출판협동조합
주문전화 | (070)7119-1752
팩시밀리 | (031)944-8234~6

ISBN 978-89-5669-935-6
값 15,000원

* 이 책은 교보문고에서 eBook(전자책)으로 제작 · 판매합니다.
* 잘못 제작된 책은 바꾸어 드립니다.